我的古代科学家朋友

彩绘

·

有声版

徐鲁 著　书小宇 绘

蔡伦的故事

山东文艺出版社

图书在版编目（CIP）数据

蔡伦的故事 / 徐鲁著；书小宇绘 . -- 济南：山东文艺出版社，2023.4

（我的古代科学家朋友）

ISBN 978-7-5329-6842-8

Ⅰ.①蔡… Ⅱ.①徐… ②书… Ⅲ.①蔡伦（?-121）—生平事迹—少儿读物 Ⅳ.① K826.16-49

中国国家版本馆 CIP 数据核字（2023）第 028718 号

蔡伦的故事
CAILUN DE GUSHI

徐鲁 著 书小宇 绘

主管单位	山东出版传媒股份有限公司
出版发行	山东文艺出版社
社　　址	山东省济南市英雄山路189号
邮　　编	250002
网　　址	www.sdwypress.com
读者服务	0531-82098776（总编室）
	0531-82098775（市场营销部）
电子邮箱	sdwy@sdpress.com.cn
印　　刷	济南新先锋彩印有限公司
开　　本	890毫米 × 1240毫米　1/32
印　　张	3.75
字　　数	60千
版　　次	2023年4月第1版
印　　次	2023年4月第1次印刷
书　　号	ISBN 978-7-5329-6842-8
定　　价	29.00元

版权专有，侵权必究。如有图书质量问题，请与出版社联系调换。

致小读者们

扫码免费听全书

亲爱的小读者们,你们能不能说出,我国古代的科学技术成就"四大发明"呢?每一个中国孩子,都应该知道"四大发明",也应该为勤劳聪慧的中华民族对世界文明进步做出的宝贵贡献而感到自豪。"四大发明"分别是指南针、造纸术、活字印刷术、火药。

汉朝时期,在张骞出使西域,开辟了举世闻名的丝绸之路以后,充满智慧的中华民族献给世界的宝贵的礼物,开始被源源不断地传送到遥远的欧洲大陆。

这些礼物,包括深受西方人喜爱的商品——丝绸、瓷器、茶叶等。中国古代的"四大发明",也是沿着丝绸之路,相继传播到西方的。

蔡 伦 的 故 事

　　造纸术，是"四大发明"中最早沿着丝绸之路传到欧洲去的。纸的发明与传播，对人类社会的进步和人类文化的发展，起到了巨大的作用。造纸术，使中华民族自己的文明得到了长久的传承和延续，而且随着国家与国家之间的贸易交流，尤其是沿着古代丝绸之路，造纸术很快由中国传到了欧洲，在全世界流传开来，也有力地推动了西方的文明进程。因为有了纸，人类的文化和思想成果，就有了既轻便又永久的传播载体。渐渐地，小孩子识字写字，人们日常生活中用书信来传递信息等，都离不开纸了，纸成了人们生活中的必需品。可以说，纸是中国古代人民献给世界、献给人类文明的最美的礼物之一。

　　众所周知，欧洲第一次看见自己的"纸时代"的曙光，是在约12世纪，而真正进入自己的"纸时代"，是在约15世纪。而中国造纸术的发明者蔡伦，却生活在迄今将近2000年前。毫无疑问，中华民族是全世界第一个使用纸的民族。

　　造纸术的发明者蔡伦（？—公元121年），字敬仲，是东汉时期桂阳郡（今湖南耒阳县）人。蔡伦从小就在京都洛阳宫廷里当仆人，还曾当过"小黄门"。这是当时宦官中较为低等的官职。因为他忠厚勤劳，得到了皇帝的赏识，被提升为尚方令,负责监督制造御用的宝剑和其他器械。

蔡伦担任尚方令的时候,总结了以往人们的造纸经验和造纸工艺,发明了一种新的造纸术,制成了前所未有的纸张,后因蔡伦被封为"龙亭侯",人们便称这种纸为"蔡侯纸"。

我们今天能看到的陕西省西安等地出土的一些"古纸",是出现在"蔡侯纸"之前的,但是这种"古纸"大都是用麻絮制成,质地粗糙,不便书写。

在皇宫里当职的蔡伦,负责管理和监制宫中所用的各种器物。蔡伦聪明过人,做事肯动脑筋,经常和一些能工巧匠一起研究制作各类工艺品。

蔡伦看到,皇帝每天都要批阅堆成小山一样的简牍,实在是很不方便,而且,简牍越堆越多,那得多大的房子来存放啊!于是他开始琢磨,怎样才能制作出一种轻便易用的书写材料,来取代这些笨重的竹木简牍。

轻薄方便的丝帛,当然是蔡伦首先考虑的材料。可是,丝帛的原材料毕竟不容易得到,需要种桑养蚕,抽取蚕丝,再制成丝帛,成本确实是太高了。

不过,蔡伦仔细观察了丝帛的生产过程,他从分析丝帛的结构入手,发现它是由纤细的短纤维互相黏合而成的。于

蔡伦的故事

是他想象着,自己要寻找的新材料,既要与丝帛的结构相仿,又要容易获得、成本低廉。从此,他处处留意寻觅这种新材料。

功夫不负有心人。经过了许多次材料的选择,也经过了很多次试验之后,蔡伦终于造出了一种又轻薄,又柔韧,制作成本也比较低,而且方便书写的"蔡侯纸"。

中国造纸术的发明,对中国文化,乃至世界文化的传播,对世界文明的进步,做出了杰出的贡献。造纸术的发明者蔡伦,千百年来也备受人们的尊崇。人们不仅把他造的这种纸称为"蔡侯纸",后世的纸工们还把蔡伦奉为"造纸业的祖师",尊称他为"纸圣"。

那么,亲爱的小读者们,请跟我来,我们一起去追寻和了解蔡伦发明造纸术的故事……

目录

没有纸的时代……………… 1

不幸的童年………………… 11

小太监的心思……………… 21

发奋攻读…………………… 33

才华初露…………………… 41

看不见的祸根……………… 53

小溪边的发现……………… 63

"蔡侯纸"…………………… 69

蔡伦之死…………………… 81

最美的礼物………………… 91

后世的感念………………… 99

没有纸的时代

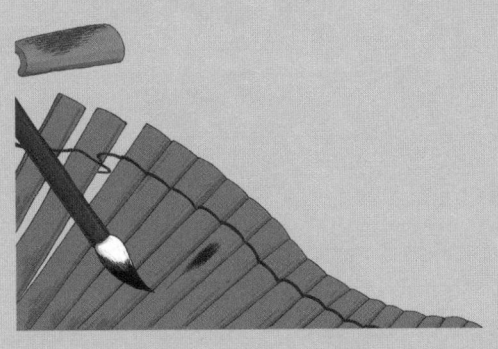

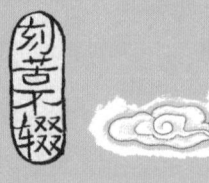

没有纸的时代

扫码听本篇

在纸没有出现之前，古代的人们，是用什么材料来书写文字、绘制图画的呢？

远古时代的苏美尔人（他们当时生活的地方，在今天的伊拉克一带），先用黏土制成平展的泥板，再在上面刻写文字符号。

生活在尼罗河流域的古埃及人，是利用生长在尼罗河畔的一种茂盛的水草——莎草的茎写字、绘画的。削去外面的皮，把内茎剖开，切成薄片，在水中浸泡几天后再捞出来，用木槌反复敲打，让它失去水分，再将薄片对齐叠放，压上石块，让它们自行黏合，晒干后就成了一种可以写字、绘制图案

的莎草片。严格地说,莎草纸还不是"纸",只是一种莎草片。

生活在恒河河畔的古印度人,是用一种叶面阔大的棕榈树的树叶(又叫"贝叶")来书写文字的,有时也写在白桦树的树皮上。他们写在这种贝叶上的经文,后世人就称为"贝叶经"。

此外,古代的欧洲人,是把文字写在羊皮纸上的。

可见,在纸还没有发明出来之前,生活在各地的人类,都在努力寻找和尝试用各种方法来记录文字和符号，用来传递信息、交流思想。

那么，古代的中国人，是用什么材料来记录文字和符号的呢？

经过考古发现，远古时代的中国人，是把简单的文字和符号刻在龟甲、兽骨上的。大约在3500年以前的商朝，我国就出现了刻在龟甲、兽骨上的文字符号，后世人称它们为"甲骨文"。

在甲骨文之后，古代中国人还尝试过把文字刻写在青铜器上和岩石上。例如，自远古以来就生活在贺兰山一带的北方游牧民族，就把表达感情、传递信息的符号，

蔡伦的故事

刻在了岩石上。这就是后来人们发现的贺兰山岩画。

但是,龟甲、兽骨这类东西,毕竟不太容易获得,它们的表面积也不大,写不了几个字,而且还不容易携带和保存。慢慢地,充满智慧的中国人又开始把文字刻写在竹简、木牍上。

到了春秋、战国时代,甲骨渐渐被竹简和木牍代替了。

竹简和木牍,就是把竹子破开形成的竹片和把木头破开形成的木片。较为狭长的竹片,称为"简";略微宽一点儿的木片,称为"牍"。二者亦统称"简"。

实际上,在一片简牍上刻写不了太多的字,如果要刻写一篇文章,就需要使用许多的简牍。所以,写完之后,人们会用结实的绳子把这些竹简和木牍穿联起来,展示出一篇完整的文章。这些穿联起来的简牍,就叫"册"。

用竹简和木牍来刻写文字,显然比用龟甲、兽

没有纸的时代

骨、青铜器等要便利多了。做简牍的竹木材料，遍地都是，也比较容易获得。所以，简牍在中国古代流行了很长一个时期。

然而，时间久了，人们渐渐发现，竹简和木牍其实也很笨重。据说，秦始皇当了皇帝后，每天要批阅大量的文书，这些文书都是写在简牍上的。每天送到他面前的简牍，重达25公斤，需要两个人抬到他跟前。

西汉时期，有一个名叫东方朔的文人，写了一篇文章给汉武帝看，一共使用了3000多片竹简，由两名武士抬进宫中，汉武帝看了两个月才看完。

看来，还得继续想办法，寻找更为便利的书写材料。

果然，这个时候又出现了一种新的书写材料，就是缣帛，也叫"丝帛"，就是用蚕丝制造出来的一种柔软轻便的帛。

蔡伦的故事

　　丝帛作为书写材料，柔软轻薄，方便书写。可惜的是，丝帛的制作成本很高，价格昂贵，宫廷里只有在记录皇帝圣旨时才会使用，也只有达官贵族才有能力使用，一般读书人根本用不起这种材料。也就是说，这个致命的弱点，使缣帛很难得到更广泛的推广使用。

　　所以这时候，寻找一种又轻便、又实用，而且成本又不那么高的书写材料，就成了一种比较迫切的社会需要。

　　此时，在东汉的宫廷里，有一位尚方令——主管和监督制造宫廷御用的各种器物的官员，名叫蔡伦。

　　蔡伦为人聪明，脑子灵活。他平时也喜欢和宫中的手艺精湛的工匠们一起，研究各种器物的制作工艺。

　　当然，蔡伦也会看到，皇帝每天都要批阅很多

没有纸的时代

文书。这些文书,都是用竹简和木牍写成的,每天都像小山一样,堆到皇帝面前。

披阅完的文书,要保存起来,也需要很大的库房。

面对种种不方便,蔡伦就开始琢磨,能不能找到一种更合适的材料,制作出一种轻便易用的书写材料,来取代这些笨重的简牍呢?

中华民族,从来都是勤劳、聪慧和不断创新、不断进步的民族。

果然,就在东汉时期,一种既符合人们的期待,又能满足社会需要的新型书写材料,应运而生了!

这就是我们今天所说的"纸"。

而发明了纸的人,就是东汉时期的发明家蔡伦。

不幸的童年

不幸的童年

扫码听本篇

在中国古代的封建社会制度里，有一个特殊的阶层，叫作"宦官"。宦官主要是在皇宫里做事，为皇室成员服务。有的待在皇帝、皇后身边，负责侍候皇帝和皇后；有的负责管理嫔妃的生活起居和宫女；有的陪伴在太子和公主身边，为他们的日常生活服务。

宦官是怎么被挑选进宫中的呢？

大致有两种途径：一是由专门的人负责，从全国各地征选出来，送进宫中；二是从受过宫刑的罪犯中挑选出来。宫刑，又称"腐刑"，是中国古代最残忍的刑罚之一。

蔡伦的故事

凡是被征选出来，进入宫廷当宦官的男子，无论年龄多大，首先都必须"去势"，跟遭受宫刑一样。后来，这一特殊群体还有一个名称，就是"太监"。

要当宦官，就必须先忍受这份痛苦和屈辱。他们丧失了生殖能力，也不能传宗接代。虽然是在皇宫里做事，但是一般老百姓都会看不起他们，认为他们辱没了列祖列宗。

我们都知道，西汉时期的文学家、历史学家、《史记》的作者司马迁，就是遭受了宫刑的人。他在写给自己的好友任安（字少卿）的书信《报任安书》中，真切地描述过自己遭受宫刑之后，内心所感受到的屈辱与痛苦。

他说，世上的耻辱，没有比遭受宫刑更重大的了。受过宫刑的人，社会地位是没法比类的，自古以来，人们就是这样看待的。例如，春秋时代，卫

不幸的童年

国的卫灵公,曾和宦官雍渠同坐了一辆车子,孔子感到无比羞耻,就离开卫国去了陈国;战国时期,先秦的商鞅,是靠了宦官景监的推荐,才得到皇帝召见,获得了当官的机会的,君子赵良听说这件事后,顿时感到寒心;汉朝时,太监赵同子坐在汉文帝的车上,随其一起出行,大臣袁盎感到羞耻,脸色顿时变得十分难看。可见,自古以来,人们对宦官都是十分鄙视的。哪怕是一个普普通通的人,一旦因什么事情与宦官有了关系,就没有不感到屈辱的,更何况那些慷慨正直的君子和志士呢?

在这封信中,司马迁还沉痛地写道,自己因为在皇帝面前说话不谨慎,惹怒了皇帝,结果遭受了宫刑,被乡亲们和同僚所耻笑,污辱了祖先,连到父母的坟墓前祭拜的脸面都没有了!每当想到自己的这种耻辱,就会浑身冒汗,汗水湿透了衣衫……

由此可见，一个健康的男子变成太监，该是多么屈辱和不幸。如果不是生活艰难得过不下去了，谁愿意把自己的孩子送进宫中当太监呢？

汉明帝永平十八年（公元75年）前后，皇宫里派人在湖南耒阳一带征选宦官。一个年仅十几岁的农家男孩，为贫困的生活所迫，被带进了京城洛阳的皇宫中，开始了宦官的生涯。

这个农家男孩就是蔡伦。

不幸的童年

蔡伦出生在湖南省耒阳县城东南郊的一户农家。

耒阳是一个古老的县城,距今已有2200多年的历史。夏商时期,这里属于荆州;战国时代,又归属了楚国。秦始皇统一中国之后,在这里设置了耒县,隶属长沙郡。县城边上有一条清清的河流,叫作"耒水",耒阳因此而得名。

蔡伦的故事

到了西汉时期,汉高祖五年(公元前202年),耒县又改名为耒阳县,隶属桂阳郡。所以,古时候这里也称"桂阳"。

今天,因为从这里走出了位于中国古代"四大发明"之首的造纸术的发明者蔡伦,耒阳成为一个天下皆知的地方。

殊不知,当时的蔡伦,却有着一个贫困而不幸的童年,年仅十几岁就忍受了非人的摧残,成了一个小太监。

蔡伦不是文学家和历史学家,他没有像司马迁那样,用文字记下自己当了太监后的屈辱和痛苦的感受。

不过,我们通过《后汉书·蔡伦传》中的一些记载,也不难想象和感受到,蔡伦的内心,同样是承受着很大的屈辱和痛苦的。

不幸的童年

《后汉书·蔡伦传》里说,从一个正常的小男孩,变成了小太监后,在好长的日子里,蔡伦每天把自己封闭在小小的房间里,不想和任何人来往。

大概是心情郁闷得实在受不了了,他就独自跑到郊外,在没有人的旷野上,赤身露体,大声地呼喊,发泄出内心的痛苦和郁闷……

毫无疑问,这种表现,是因为接受了宫刑而内心压抑与痛苦的反应。这是一个年仅十来岁的少年所不能承受的生命之重!

小太监的心思

父なる声

小太监的心思

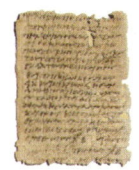

扫码听本篇

深秋时节的湖水边,一丛丛白色的荻花在风中瑟瑟飞舞。满山的黄栌、野板栗树的叶子都变得绯红,像火焰一般。

一队队大雁在天上嘎嘎地鸣叫着,向着更远的南方飞去。雁阵有的排成"人"字形,有的排成"一"字形。

这时候,山冈上响起苍凉的埙声,惹得人凄寒而忧伤。

埙声伴着荻花飞舞,也伴着红叶飘零……

原来,是一位年老的太监,正坐在山冈的一块

蔡伦的故事

石头上,专注地吹着一只埙。老太监的眼里流露出深深的忧伤。

小太监蔡伦坐在老太监身边,一边听着埙声,一边整理着简易的行囊挑子。

"您吹的是什么音乐?听得人心都要碎了!"蔡伦轻声问道。

老太监停止了吹奏,告诉蔡伦道:"这是楚声,是我们家乡楚地的音乐,在北方听不到这样的音乐。"

"哦,您是想家了吗?"

"想家?"老太监苦笑了一声,抚摸了一下蔡伦的头,轻轻地叹了口气,说,"我们这号人,哪里还有家呢?今生今世,我们是人在哪里,家就在哪里!"

"那么,您必定是在想念自己的亲人了?"

老太监的目光追寻着远去的大雁，呢喃着，仿佛在自言自语："秋风吹起的时候，连大雁也知道该往南飞了。草木恋山，野人怀土，谁又不是父母生养的啊？可是，我连回乡给父母的坟墓培几锹土的心愿都不敢有啊！我没有脸面想念自己的父母和其他亲人啊！"

"您不要太难受了。至少，宫里的人都很尊重您。"蔡伦安慰老太监说。

"蔡伦呀，你年纪还小，你讲实话，你有没有想过家？有没有想念过自己的父母？"

"怎么能不想呀！"蔡伦一听老太监的话，脸色顿时变得忧戚起来，说，"我离开家的时候，母亲正在生病，她是那么舍不得让我走啊！还有我的哥哥，也大声哭着，紧紧地拉着我的胳膊不放……他们都知道，我这一走，说不定就永远也见不到了！"

蔡 伦 的 故 事

"你不想念你的父亲?"

"我不愿意去想起他!他是个酒鬼,本来日子就过得苦,他偏偏又喜欢醉酒哭天的,一天到晚让乡亲们看不起。我实话跟您讲,要不是看在母亲和哥哥的份上,我是不会答应来宫里做事的。我当时答应进宫,是因为家里的日子实在过不下去了,这也是实情;还有一个原因就是,我是跟我那个酒鬼

父亲赌了口气的！我宁愿这辈子给人家当牛做马，也不愿给他做儿子！"

"哦，孩子，没想到，你小小年纪，竟有这么大的气性！唉，一蔸雨水一蔸禾，一个人有一个人的命呀！"老太监又叹了口气说，"蔡伦啊，看得出来，你是个聪明伶俐的孩子，来日方长。你要学一学前朝的太史公司马迁，学一学太史公在写给任少卿大人的那封书信里讲过的，那些前人立志发奋的故事……"

蔡伦的故事

"就是您常给我们讲的'文王拘而演《周易》，仲尼厄而作《春秋》'那些故事吗？"

"正是啊！你可都记在心里了？"

"我都牢牢地记着呢！不信我背一遍给您听听。"

说着，蔡伦就把司马迁在《报任安书》里写到的那一段前人立志发奋的文字，又背诵了一遍给老太监听。

那段文字讲的是，自古以来，虽然大富大贵，但名字很快就被遗忘了的人，多得数不清，只有那些受过磨难，而又能不坠青云之志的人，才能在青史留名。比如，西伯文王被囚拘过，却推演了《周易》；孔子周游列国时，遭遇困厄，却写出了《春秋》；屈原被放逐，却写出了《离骚》；左丘明失去了视力，竟然写出了《国语》；孙膑被削掉了膝盖骨，却写出了《孙子兵法》；吕不韦被贬谪到了蜀地，却留下了他主持编纂的《吕氏春秋》；韩非子被囚禁在秦国，却写出了《说难》与《孤愤》。我们再看《诗经》里的三百多篇诗，也大都是贤士们抒发内心的愤懑而创作出来的……

在宫中，蔡伦和其他小太监，听老太监讲过好多次太史公司马迁著《史记》的故事，还有司马迁赞美过的这些先贤在苦难中发奋读书、著书立说的故事。

这些励志故事，就像冬日里的暖阳，温暖着少年蔡伦的心；也像长夜里的光芒，为他照亮了明天的希望。蔡伦怎么能不牢牢地记在心里呢？

经宫中总管的批准，这位老太监带着小太监蔡伦，出宫数日，去往一个皇家官窑，为宫中即将举办的一场庆典，挑选一些新的器具。

蔡伦的故事

现在,器具已经挑选好了,过几天就会运回宫里。老太监数算了一下日期,他和蔡伦也该返程了。

蔡伦把行李挑子整理了一下,又拿起一个陶制的水罐喝了口水,然后说道:"咱们继续赶路吧?"

老太监仔细地收起那只陶埙,拍了拍身上的草屑和尘土,说:"好,继续赶路。"

又一队大雁高声鸣叫着,飞过了红叶飞舞的山冈。

少年蔡伦目送着远去的雁阵,喃喃地说:"要是我也有一对大雁的翅膀,想飞往哪里就飞往哪里,该有多好啊!"说完,他又看了看老太监,有点儿自嘲地说:"您不要笑话我呀!我知道我这辈子,永远也长不出这样的翅膀了!"

"蔡伦呀,可不能这样灰心啊!"老太监安慰蔡伦说,"你知道吗,等这次庆典活动办完后,总管就会升你为小黄门了。你还年轻,前程无量,可得从长计议呀!"

"您放心,您的教导我不会忘的,我也不会破罐子破摔的。"

发奋攻读

发奋攻读

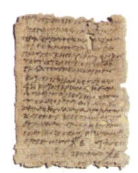

扫码听本篇

"小黄门",是东汉时期宫廷里宦官阶层中较低的一个职务,大约相当于一个"小组长"吧。当上了小黄门,就要负责管理手下的七八个小太监。

汉章帝建初年间(公元76年—公元84年),蔡伦在入宫五年后,被任命为小黄门。

《后汉书·蔡伦传》中,对蔡伦的生平记述实在是过于简单了,只有寥寥数笔。小黄门是蔡伦在宫中得到的第一个职位。

职位虽低,却是蔡伦凭着自己头脑聪明、手脚勤快,尤其是勤奋好学得来的。

小太监在宫中负责各种跑腿、服务的杂事,而

蔡 伦 的 故 事

且针对他们,宫中制定了各种严格的规矩和作息时间,还有各种忌讳的言语和动作。稍不注意,他们就可能违反了规矩,被关进"黑房",接受惩罚,自我反省。

好在,那位经验丰富的老太监,时常提醒和照拂着蔡伦。

蔡伦也很尊重和感谢这位也是来自江南家乡的老人家,只要有一点儿闲工夫,蔡伦就会跑到他身边,听他讲一些前朝故事,还有《论语》之类的先秦诸子的学问。

蔡伦在耒阳老家时,哥哥带着他念过几天书,多少也识得一些字,提起笔来,也能在简册上写下一些文字。他比那些"斗大的字也识不得一箩筐"的小太监要好得多。加上蔡伦十分好学,闲暇的时候,不是埋头苦读,就是提笔练字。老太监看在眼里,喜在心头,也常常以蔡伦为例子,数落别的小

发奋攻读

太监：

"前人讲过了，近朱者赤，近墨者黑；跟着好人学好人，跟着麻雀子学飞禽。你们啊，可得好好地学一学蔡伦这个小黄门！你们看，同样是十七八岁的年龄，人家在那里安安静静地用功习字，你们却只晓得躺在这里呼呼地睡大觉，要不就是坐在墙根儿晒日头！人到了一把年纪才喜欢晒日头呢，你们这么年轻，晒的哪门子日头呀！"

小太监们被数落得一个个羞惭地低下头去。

有一个脸皮厚一点儿的小太监，嘿嘿地笑着说："我连一个字都认不得，怎么用功呢？"

"平时腿脚勤快点儿，多去挑几担水，扫几遍院子，不也是用功吗？总比袖着手蹲在墙根儿晒日头，要有点儿出息吧？"

渐渐地，蔡伦用功苦读，已成了习惯。每天不论白天多忙，他把该做的事情利利索索地做完后，

到了晚上,总要就着一盏油灯,用心抄录一段《论语》或《战国策》之类的。

所以,在宦官们居住的厢房里,每当夜深人静的时候,总有一个小窗还亮着橘黄色的灯光。灯光映照出一个年轻人埋头在竹简上写字的身影……

不用说,这个人就是蔡伦。

有一天晚上,蔡伦又摊开了一卷竹简,准备抄写一段《论语》中还未抄写过的内容。他蘸了几次墨,都没能在竹简上写出清晰的字来。

发奋攻读

这是怎么回事呢?他翻来覆去地仔细看了看这卷竹简,发现原来是竹简的表面没有完全"杀青",有点儿返潮了,有的竹简片也不够平整,根本就不着墨……

"这么粗糙的竹简,要是送到了圣上面前,那怎么得了!一个字得反复写好几次才能写上去,这岂不是会耽误圣上的工夫,误了国家大事?"

这时候,蔡伦又想到了在宫中时常看到的情景:

一些大臣给圣上上书时,因为内容较多,书写用的竹简也就较多,有时得两三个人把一大堆竹简抬到圣上跟前去……

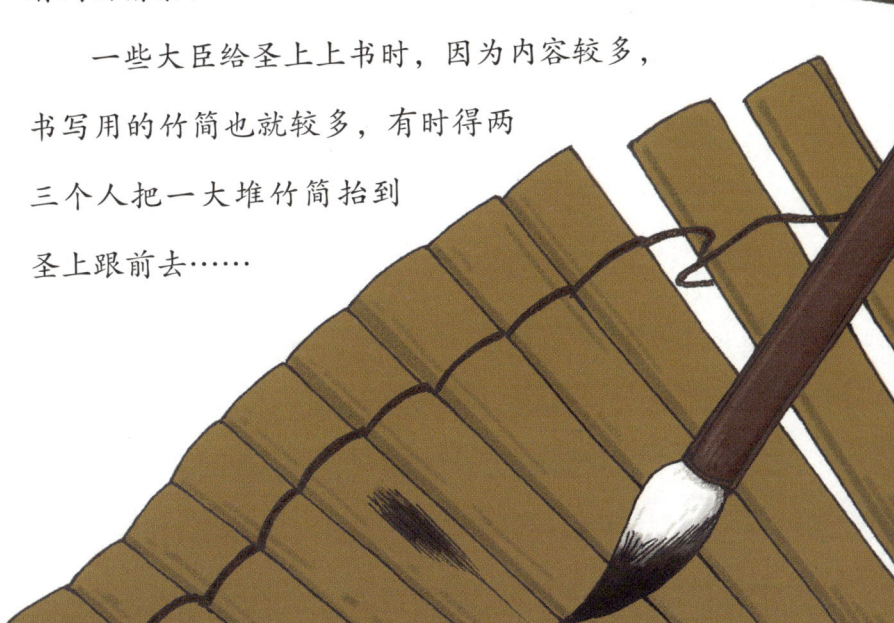

蔡伦的故事

还有从外地应召进宫的官员，要用牲畜驮着一大堆竹简文书，长途跋涉来到京城，奏报圣上。

难道就没有别的比较轻便一点儿的东西，能替代这么笨重的竹简来书写文书吗？

再说，要经过破竹、杀青、削平、抛光等工序，然后才能制作出一卷可以用来书写的竹简，这得需要多少人力啊！

还有，虽然竹子生长得很快，但是这样一年年地下来，就是把全天下的竹子都砍光，也不够用啊！

就是从那个夜晚开始，这些问题一直盘旋在蔡伦的脑海里，成了他挥之不去的心事。

才华初露

才华初露

扫码听本篇

很多小读者都知道一个成语：学富五车。人们喜欢用这个成语形容一个人读书多，学问大。这个成语来源于一个典故，最早出自《庄子·天下》："惠施多方，其书五车。"

惠施是战国时期的宋国人，是古代著名的政治家、哲学家，以善于辩论闻名遐迩。惠施很有学问，家里的藏书也十分丰富。那时候的书就是用竹简穿联成的简册。有一次，有一个地方请惠施去讲学，惠施就用牛车足足拉了五大车的简册，作为讲学的资料。后来人们就用"学富五车"来形容一个人读书多，知识渊博。

蔡伦的故事

但这个典故也告诉了我们,那时候的"书"是多么笨重,多么占地方,出去讲一次学,就得拉上五大牛车的简册!

东汉的开国皇帝刘秀(光武帝),很喜欢读书。据说,他把国都从长安搬迁到洛阳的时候,仅仅是皇宫里的简册,就装了满满2000辆大车。从长安运往中原,一路上车轮滚滚、浩浩荡荡,引得沿途各地百姓奔走相告,纷纷出村、出城观望……

这番情景,固然说明光武帝的皇宫里藏书丰富,同时也告诉了我们,用竹简刻写的"书",实在是太过笨重了!刻写、收藏、搬运,都不容易,劳民伤财。

像这样的故事,蔡伦一个个都记在了心里。

别人或许会羡慕和敬佩"学富五车"的惠施,也或许会为2000辆大车的藏书感到惊讶,但蔡伦却

才华初露

不是这么想的。他现在日夜思忖的是,能不能找到一种更好的材料、更好的办法,来刻写和保存前人的文章,以及呈给圣上的文书等。

这个问题,把他折磨得可不轻,有时候竟然让他寝食难安。

但他暂时还一筹莫展,想不出什么好的办法。

东汉和帝刘肇即位的永元元年(公元89年),蔡伦从一名"小黄门",被提升为"中常侍"。中常侍算是汉朝宦官中比较高的职位了,职责就是传达皇帝的诏令,同时管理皇宫里的文书,百官上奏的文书都要通过中常侍传递。也就是说,身处这个职位,不仅要侍奉皇帝,同时也可以接触,甚至可以直接参与朝廷里的一些机密大事的商议与决策。

这是蔡伦勤奋好学、不断进步的结果。他做事和思考问题,认真严谨,肯用脑子,可靠又可信,

过人的才识正在渐渐展露出来。

平时,他在学习方面也很自律,刻苦攻读,惜时如金。

按照东汉时皇宫里的管理制度,所有的官员每一旬(十天)可享有一天的公休假。一到公休日这天,官员们就可以出城游玩,欣赏洛阳城里的牡丹,也可以互相宴请、交游,走亲访友,增进人脉关系。

可是,蔡伦从不浪费公休假日的大好时光。一到公休日,他就闭门谢客,从不出去交际,只愿意待在宿舍里,埋头攻读圣贤之书。

东汉和帝永元九年(公元97年),蔡伦再次得到重用,在担任中常侍的同时,又兼任了"尚方令"一职。

"令",原本是号令的意思,如命令、法令、军令、指令等。因为命令是由上级发布的,所以"令"

才华初露

又引申为有发布命令的权力的官员。古代朝廷里，有些部门的官员就被称为"令"，如太史令、中书令、县令等。"尚方"，是负责管理皇室金库和宫廷内部事务的机构"少府"所管辖的一个重要部门，专

蔡 伦 的 故 事

门负责制造御用器物,掌管宫廷设立的一些御用手工作坊的事务。"尚方令",就是主管这些事务的官员。

蔡伦被任命为"尚方"部门的主管,主要负责监制皇室日常生活使用的器物。不用说,制造这些御用器物的作坊里,集中了一大批从全国各地选拔出来的各类优秀的工匠艺人。

蔡伦不仅管理着这些优秀的工匠艺人,而且还经常与这些工匠艺人讨论,向他们学习各种器物的制作工艺,接触到了大量的工艺技术方面的知识。

毫无疑问,中常侍、尚方令这两个职务,都为蔡伦在不久之后发明出造纸术,提供了有利的条件。

中常侍的职务,让他每天接触到大量的简册和少许缣帛文书,可以对照着这些实物,不断思考改进书写材料的问题;尚方令的职务,使得他天天跟

才华初露

工匠艺人打交道,见识和熟悉了各种工艺技术。触类旁通,这为他发明和改进造纸技术,提供了专业技术上的帮助。

在担任尚方令期间,蔡伦对御用器物的监制、管理才能和在工艺技术方面不断创新的才华,也快速地显露了出来。在他的监督和管理下,集中在尚方的工匠艺人们在工艺上一丝不苟、精益求精,制作出来的各种器物在品质上得到了保证,深得皇帝和皇室成员们的赞赏。由尚方出品的东汉的皇家器物,也代表了当时的最高工艺标准,成了后世争相仿效的宝物。

蔡伦表现出来的优异才识,得到了从皇帝、皇室成员到宦官同僚的一致认可。汉安帝刘祜元初元年(公元114年),皇太后邓绥按照当时宫廷嘉奖优秀官员的做法,以蔡伦在宫廷供职多年,严于律

蔡伦的故事

己、做事勤勉、忠于皇室的理由，特意加封宦官蔡伦为"龙亭侯"，赐给他食邑300户。

"龙亭"是皇太后赏给蔡伦的封地，在今天的陕西省洋县。"侯"是古代的一种官位、爵位。那么，什么叫"食邑"呢？

食邑跟封侯一样，也是中国古代君主嘉奖有成就的大臣、官员的一种方式，就是把某一处的田地、多少户耕田者（劳动力）上缴国家的赋税，赏赐给某个官员，作为他永久的俸禄收入。

食邑最初是世袭制，受封者的子孙们可以继承。到了战国时期，世袭制渐渐被废除。秦朝和汉朝时期，因为推行了郡县制，受封的官员在封邑内逐渐丧失了统治的权利，而只是可以领取封邑地民户当年上缴的赋税。

蔡伦受封的田邑有300户，就是说，他每年可

才华初露

以领取龙亭那个地方的300户劳动者上缴给朝廷的赋税,作为自己的个人收入。

蔡伦后来发明和制造出来的纸,之所以被称为"蔡侯纸",就是因为他被封为"龙亭侯"。

当然,无论是中常侍、尚方令,还是龙亭侯,都没有给蔡伦带来多大的历史荣耀。历朝历代的中常侍、尚方令和侯爵,数不胜数,但是,发明和改进了伟大的造纸术的人,只有一个!真正给蔡伦带来历史荣耀、使他万古流芳的,只有他发明的造纸术。

看不见的祸根

看不见的祸根

扫码听本篇

蔡伦成了皇太后眼里的"大红人",皇太后三天两头地派人传唤蔡伦去她那里。每次蔡伦不是捧回一匹绸帛,就是领回一些别的赏赐。

那位一向对蔡伦爱护有加的老太监,把这一切都看在了眼里,心里隐隐有了一种不安。

这一天,皇太后又差人来请蔡伦。蔡伦以为是皇太后那里又需要添置什么物品,就赶紧放下手上的事情,忙不迭地跑了过去。

到了傍晚,蔡伦从皇太后那里捧回了一匹素帛。平时已经领到了那么多的赏赐,说实话,这些东西对蔡伦来说,也没有太大的用处。所以,吃过了晚饭,

蔡伦的故事

蔡伦就捧着这匹素帛,来到了老太监的住处。他说:"平日里多蒙您教导和照拂,这一匹素帛,是皇太后刚刚赏赐的,转赠您老人家,聊表谢意吧。"

老太监轻轻地抚摸了一下素帛,说:"皇太后赏赐的,确实都是优等的素帛呀!不过,蔡伦呀,这是太后赏赐给你的东西,你的心意我领了,这么好的东西,你送给我,无异于暴殄天物!"

"这些年里您对我的教导和照拂,可是无价的,我都牢记在心里,受益匪浅。可是,我无以回报呀!"

"我不需要什么回报,能看到你日益长进,有所作为和担当,也算我没有识错人、看走眼哪!不过……"

老太监说到这里,欲言又止,心里好像藏着什么不便说出来的话。

蔡伦只当是老太监在想法推辞,也没有往心里去,又诚心实意地说道:"这是我的一点儿心意,

看不见的祸根

算是'借花献佛',望您收下。"

"我已是风烛残年,黄土埋了半截身子的人,哪里用得着这么名贵的素帛呀,你还是自己留着,物尽其用吧。"

"是呀,是应该物尽其用。像这样优质的素帛,搁在那里蒙受灰尘,不才是暴殄天物吗?"

老太监笑了笑,说:"这么好的素帛,也只合宜用来抄写先贤们的锦绣文章啊!"

"对呀,用来抄写先贤经典,良马配好鞍,好物配佳作,倒是物尽其用,适得其所。不过,这素帛能够用来抄写诗文吗?"

"怎么不能?你没有看到过吗?皇宫外面的集市和铺子里,摆着叫卖的那些缣帛,不是也常被有钱人买回家去,用来抄写诗文和家谱、家训之类的吗?按说,那些缣帛,可不比这素帛的质地好!"

"听说,那些缣帛,也只有达官贵人和巨贾富

57

蔡伦的故事

商们才用得起。"

"是呀是呀,一般的平民百姓,不识诗文且不说,就算识得一点儿诗书的,也不会舍得用缣帛写字呢!那是嫁女娶亲时才舍得用的。"

"您说得在理。听说,外面的集市上,得用六石大米,才能换到一匹缣帛。六石大米,那可是一家人一整月的口粮呀!"

"说的就是这个意思啊！除了皇亲国戚和达官贵人，一般的百姓人家，哪里舍得用缣帛来抄写诗文？"

听老太监讲到这里，平时经常盘旋在蔡伦的脑海，让他一直放不下的那个恼人的问题，又压在了他的心头。

"除了缣帛，难道就找不到别的稍微廉价一点儿的东西，以供一般的平民百姓，特别是那些讲究耕读传家的人家，来抄写诗文和家谱、家训了吗？"蔡伦若有所思地对老太监说道，也像是在对自己提问。

不过，老太监此刻心里忧虑的，好像不是这个问题。这位看惯了宫廷里的春花秋月和世事沧桑的老太监，此刻隐隐担心的，是蔡伦未来的命运。

蔡伦的故事

为什么会有这种担心呢？

原来，蔡伦一路获得重用，获得侯爵之位和各种赏赐，全都是靠着皇太后邓绥的提携。这一时期，实际上是皇太后在掌握着朝中的大权，而名义上坐守江山的皇帝，年龄都很小。整个东汉时期，先后有八位皇帝都是十五岁不到就登基了。

蔡伦从小黄门被提升至中常侍那年，刚刚登基即位的汉和帝刘肇，才只有十岁。稍后的汉安帝刘祜，即位时只有十三岁。后面还有几个皇帝，即位时年龄也都不大，有的甚至还正处在牙牙学语的阶段。比如，汉顺帝十一岁即位，汉冲帝两岁即位，汉质帝八岁即位，汉桓帝十五岁即位，汉灵帝十二岁即位。东汉的末代皇帝汉献帝登基时，也只有九岁。

因为东汉一路走来，坐守江山的都是年龄幼小的皇帝，所以临朝听政、真正掌握朝廷大权的人，往

看不见的祸根

往是皇太后,或者是皇太后的娘家人,即"外戚"。

这样一来,等到小皇帝稍微长大一点儿,想要收回一些实际权力的时候,就没那么容易了。所以,整个东汉时期,一直存在着皇帝与皇太后、外戚之间的矛盾斗争。

汉安帝刘祜与皇太后邓绥及外戚之间,就存在着这样的矛盾。

殊不知,这样一来,在不知不觉中,蔡伦的命运里就埋下了一个看不见的祸根。

这个祸根,蔡伦自己看不见,但是,看过了世事沧桑,也见识过宫廷里此起彼伏的钩心斗角的老太监,是看得见和感觉得到的。所以,他的心里隐隐地有了一种不安。

当然,这是后话。我们现在要继续往下讲述的,是蔡伦发明造纸术的故事。

小溪边的发现

小溪边的发现

扫码听本篇

这一天,蔡伦带着宫里的几个小太监,一起出城办事。

经过山谷间的一处小溪时,小太监们嘻嘻哈哈,都在溪边洗脸洗手。突然,蔡伦的目光,被溪流上漂浮着的一些东西吸引住了。

他找了根棍子,把那些破破烂烂的、像棉絮一样薄薄的东西捞了上来,翻来覆去地端详。

有个小太监走了过去,抓起那些絮状的东西正要重新扔进溪水里,蔡伦却立马制止了他,嘴里喃喃地说道:"别扔,别扔,我总算找到它了,找到了……"

蔡伦的故事

小太监们都觉得莫名其妙：找到什么了呢？难道是这些破烂玩意儿吗？

蔡伦站起身，向四周望了望，看见不远处，有个农人正在溪边挑水浇地。蔡伦赶紧跑了过去。

他请教农人道："老人家，您可知道，这东西是怎么变成现在这个样子的？"

农人一看蔡伦手里的东西，不解地问道："官爷，你拿这些破烂玩意儿做什么？这不就是漂在水里的树皮、烂麻、野藤子，还有破渔网之类的吗？

它们被水冲泡,再加上风吹日晒,日子长了就腐成这个样子了。"

"哦,讲得有道理呀!这些东西多吗?"

"你看,溪水边上,还有溪水边的那些树根底下,不是都有吗?"

蔡伦谢过了老农夫,让小太监们又打捞上来一些絮状的漂浮物,高高兴兴地把它们带回了宫中。

回到宫中,蔡伦又让人找来一些树皮、麻皮、破麻布、旧渔网之类的,让工匠们把它们一一剪断捣碎,放在一个大水池中浸泡着。

他要等它们都沤烂了,再开始试验和制作。

这些东西里头,有的很容易就烂掉了。但是那些带有纤维的却不容易腐烂,就保留了下来。

于是,蔡伦让工匠们把沤过的原料捞起来,放进一个石臼中,不停地捶打和搅拌,直到把它们捣成浆状物……

这时候,蔡伦已经有了十足的信心。

他主意已定,决心把这个试验做到底。

那么,蔡伦所期待的东西,会不会出现呢?

"蔡侯纸"

"蔡侯纸"

扫码听本篇

蔡伦为什么会对自己的试验这么有信心呢?

这得从"漂絮"这种在生产劳动中形成的特殊工序说起。

原来,早在西汉汉武帝时期(公元前141年—公元前87年),生活在长安东郊灞桥一带的劳动人民,就利用大麻和苎麻,制成了一种植物纤维状的东西。后来的人们,把这种在灞桥考古发掘出来的植物纤维状的东西,称为"灞桥纸"。

"灞桥纸"的制作工艺比较粗糙,纤维组织也比较松散,没有柔韧性和强度,容易破碎,而且厚薄也不均匀,所以,很难用于文字书写。

蔡伦的故事

不过,这种"灞桥纸"的制作工艺,让后人懂得了一种工序,就是"漂絮"。

什么是"漂絮"呢?漂,就是用篾席在水中漂洗的意思;絮,就是植物的丝絮和纤维。漂絮的工序,或者说是工艺,是古人们在缫丝、制麻的时候悟出来的。

古人在用蚕茧缫丝的时候,质量好的蚕茧,就用来抽丝,制作上好的丝绸;质量差一些的蚕茧,就用来制作一般的丝绵。把采集来的那些质量一般的蚕茧,放在漂在水面上的篾席上,用竹棍不断地敲打,这是制作丝绵必不可少的一道工序,这就是"漂絮"。

之后,人们发现,篾席上总会留下一层薄薄的残留物,晾干后就形成了一张薄薄的丝绵片。这种丝绵片,当然没有柔韧度,但不必费时制造,靠着漂絮就能获得。

"蔡侯纸"

制麻的时候也是这样。把收割的大麻或苎麻放在水中浸泡后,再用木棒捶打,也会有一些麻的纤维残留在篾席上,晾干后也会形成一片薄薄的麻质的纤维片。

不过,这时候人们还没有想到,无论是缫丝还是制麻,劳作中的漂絮这道工序,都离纸的制作已经不远。

蔡伦其实正是从劳动人民日常劳作中常用的漂絮这种工序中获得了启发,并且把它进一步地改进,用到了自己正在试验的纸的制作上。

前面已经讲到了,他让工匠们把沤过的原料捞起来,放进一个石臼中,不停地捶打和搅拌,直到把它们捣成浆状物。

那么,接下来他会怎样做呢?

像劳动者们在河边漂絮一样,蔡伦让人把这些黏糊糊的浆状的东西"舀"起来,放在一张平展的

篾席上，把它们摊成薄薄的一层。

等这些浆液一样的东西晾干了之后，篾席上就会留下一层薄薄的东西。把它轻轻地揭下来，就变成了一张薄薄的"纸"。

就这样，蔡伦带着工匠们经过反复试验，选择出了带有细纤维的麻、草、树皮等容易获得的、最合适的材料，最终制造出了轻薄、柔韧、取材容易而又成本低廉的纸。

东汉元兴元年（公元105年），蔡伦身为朝廷里的中常侍，兼尚方令，已是宫廷里级别很高的一位官员。

这一年，他特意给皇帝呈上了一个奏折，向当时的汉和帝汇报了自己总结和改进西汉以来用麻质纤维漂絮的经验，又利用树皮、碎布、麻头等原料，

蔡伦的故事

经过不断试验，终于掌握了一种新的造纸术的过程。

　　同时，蔡伦还精心挑选出几张平展、挺括、质量上好的纸，进献给汉和帝。汉和帝试用后，非常满意，当场称赞了蔡伦的这一创造发明，并且立刻颁布了圣旨，命令把这个造纸术向民间推广开去。

"蔡侯纸"

因为蔡伦后来被封为"龙亭侯",封地在今天的陕西省洋县,所以后人就把蔡伦研制和发明的纸,称作"蔡侯纸"。

"蔡侯纸",是蔡伦在劳动人民已掌握的漂絮工艺的基础上进行的技术革新,是一项杰出的发明,更是中国古代发明者和中国人民献给世界、献给人类文明的礼物。

蔡 伦 的 故 事

说它是"杰出的发明",主要体现在下面几个方面:

首先,蔡伦采用了多种原料,尤其是采用了比较容易获得的树皮、苇草等植物原料,还有破旧的麻布、麻头和破旧的渔网等材料。既解决了造纸原料不足的难题,又大大降低了造纸的经济成本。这样,就使得造纸技术有了向民间广泛推广的可能。

其次,蔡伦把树皮和其他植物作为造纸的主要原料,可以说是十分重大的创举。后来的造纸业,正是传承了蔡伦造纸的方法,主要以苇草、树木等植物木浆为原料。这样,就为后来的造纸业开拓了广阔的生产空间。

再次,蔡伦在造纸工序和工艺上也做了较大的改进。简单地说,要造出一张纸来,大致都要经过以下工序和工艺:找来原料,经过浸泡或蒸煮,把它们沤烂;再用工具反复地舂捣,分离出纤维,制

"蔡侯纸"

成浆状物;然后像漂絮一样,用篾席或细帘,过滤掉水分,获取纸浆;最后经过晾干、揭取、压平等工序。一直到今天,虽然机器已经取代了手工,但造纸的原理和基本的工序与工艺,大致还是这些。中国有一些地方,还依然保留着用这样的手工和工序制作宣纸、土纸的方式。

最后,以前的"纸",只是纺织者漂絮时获得的一种副产品,不仅产量很少,质量也很差,严格地说,还不能称为"纸"。从蔡伦开始,造纸渐渐成为一个独立的行业,获得了迅速发展的空间。这对后来的造纸业来说,是一个重要的转折点。

蔡伦之死

蔡伦之死

扫码听本篇

中常侍兼尚方令,并不是蔡伦在宫中所担任的最高官职。在担任这两个官职之后,他又被提升为长乐太仆。

这是一个什么官职呢?

原来,早在春秋时期,朝廷里就有太仆卿这一官职,也称"太仆",主要负责皇帝出行时的御驾和马匹等事务。到了汉朝,仍然保留着太仆这一官职。汉朝等级较高的官位,分为三公、九卿,太仆属于九卿之一,就是专门掌管皇帝、太后的车马的官员。

长乐太仆,就是专门掌管太后的车马等事务的

蔡 伦 的 故 事

太仆。因为从西汉开始，都城长安建有未央宫、长乐宫、建章宫三大皇宫。皇帝一般住在未央宫，太后住在长乐宫。为太后服务的太仆，就被称为"长乐太仆"。除了长乐太仆，还有长乐卫尉、长乐少府，他们都是为太后服务的，合称为"太后三卿"。

长乐太仆的任命，让蔡伦在仕途上达到了顶峰。

但是，正如老太监所隐隐担心的，也正如他时常提醒蔡伦的《老子》里的一句话："祸兮，福之所倚；福兮，祸之所伏。"就是说，福与祸是相互依存、互相转化的。有时候，表面上看似是一件好事，实际上也可以引发坏的结果。

果然，蔡伦的结局，不幸让老太监猜中了。

东汉元兴元年（公元105年）十二月，在蔡伦造纸成功后不久，一直疾病缠身的汉和帝刘肇旧病复发。次年一月，年仅二十七岁的汉和帝就驾崩了。

蔡伦之死

这时，皇后邓绥生下的小皇子刘隆才只有几个月大，却被立为皇太子，登上了皇位。当时，朝廷里的大臣们尊邓绥为皇太后。刘隆即汉殇帝，改元"延平"，由邓太后垂帘听政。

不幸的是，当年八月，小皇帝刘隆就因病夭折了。这时候，掌握着朝廷实际大权的皇太后，赶紧找来自己的娘家哥哥，也就是"国舅"邓骘进宫商议。

商议的结果是，把汉和帝刘肇的兄弟清河王刘庆的儿子刘祜立为皇帝，即汉安帝，第二年改年号为"永初"。

当时，汉安帝刘祜也只有十三岁，还是一个未成年的孩子，根本没有能力主持国家大事。所以，朝廷的大权实际上仍然在皇太后邓绥手中。

因为邓太后一向信任蔡伦，把蔡伦视为自己的"心腹"，所以就格外重用蔡伦和其他几个宦官。

蔡伦的故事

同时,太后还把自己的娘家哥哥邓骘提拔为车骑大将军。

这样一来,像蔡伦这样的宦官,还有像邓骘这样的外戚,就经常被太后召到身边,参与商议朝廷和国家大事。因为有邓太后作为依靠,一时间,宦官和外戚的权力也变得越来越大。

这种局面,在任何朝代,都是很不正常和不被允许的。所以,无论是朝廷里的文武大臣,还是皇宫外面的老百姓,都议论纷纷。

蔡伦身为一名宦官,在不知不觉中陷入了宫廷斗争的漩涡。

祸根早就埋下了。险恶和灾难,正在一步一步地悄悄靠近。可能是因为他把主要心思都用在了改进和推广"蔡侯纸"这件事情上,所以,他对自己未来的命运,还没有敏锐的觉察。

元初四年（公元117年），汉安帝刘祜二十多岁，羽翼渐丰，不再是一个小孩子了，所以就开始寻思，怎样从太后手中拿回属于自己的权力。

这一年，刘祜以皇宫里的藏书中存在不少文字上的错讹为由头，下令让当时的大学士刘珍等人，进驻到专门收藏皇室典籍和各类文书档案的院馆——"东观"，校勘所藏的图书和有关文书，并且命令蔡伦主管这件事。刘祜的真正目的，是把蔡伦从太后身边调离。

蔡伦之死

蔡 伦 的 故 事

　　永宁二年（公元121年），皇太后邓绥去世。汉安帝刘祜可以正常行使皇帝的权力了，而不必再顾忌太后的脸色。

　　邓太后去世后，汉安帝翻找出一笔关于蔡伦的"旧账"，说蔡伦在当小黄门的时候，曾受窦皇后的指使，诬陷过汉安帝的祖母宋贵人。

　　于是，汉安帝下令，命蔡伦向掌管刑狱的廷尉自首，交代自己当小黄门时的"罪行"。

　　欲加之罪，何患无辞！蔡伦虽然是一名宦官，但也有自己的尊严。

　　他觉得自己在宫中勤勤恳恳服务了几十年，所作所为皆问心无愧，何罪之有？怎能到廷尉那里自取其辱？

　　思前想后，蔡伦真切地感受到了宫廷斗争的险恶，心中顿生无限的悲凉，顿感失望。

　　士可杀不可辱。于是，蔡伦回到自己的住处，

蔡伦之死

仔细地沐浴,换上了一套干净整洁的衣服,然后视死如归,毅然决然地饮下了一盅毒药……

蔡伦身世坎坷,从小就蒙受了世间最大的屈辱,如今又成了险恶的宫廷权力斗争的牺牲品。这位用自己的聪明才智,向世人贡献了造纸术这一杰出创举的发明家,就这样赤条条来,赤条条去,满怀着冤屈,离开了人世。

蔡伦死后,汉安帝下令取消了他生前被授予的所有官职和封号。

最美的礼物

最美的礼物

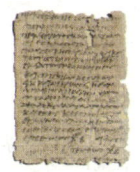

扫码听本篇

　　"蔡侯纸"发明后，没过多久，就沿着丝绸之路传播到了西域的阿拉伯地区。但是，造纸术作为一项新的科学技术，作为献给世界的一件最美的礼物传入西方，则是在中国的盛唐时代。

　　唐玄宗天宝十年（公元751年），中国唐朝与新崛起的阿拉伯大食帝国之间，发生了一场"怛罗斯之战"。历史学家说，这期间中国的造纸技术在向欧洲传播的过程中，出现了一个戏剧性的情节。

　　究竟是怎么一回事呢？

　　原来，镇守西北边陲的唐朝节度使高仙芝，率领唐朝军队在与阿拉伯大食帝国的将领率领的军队

93

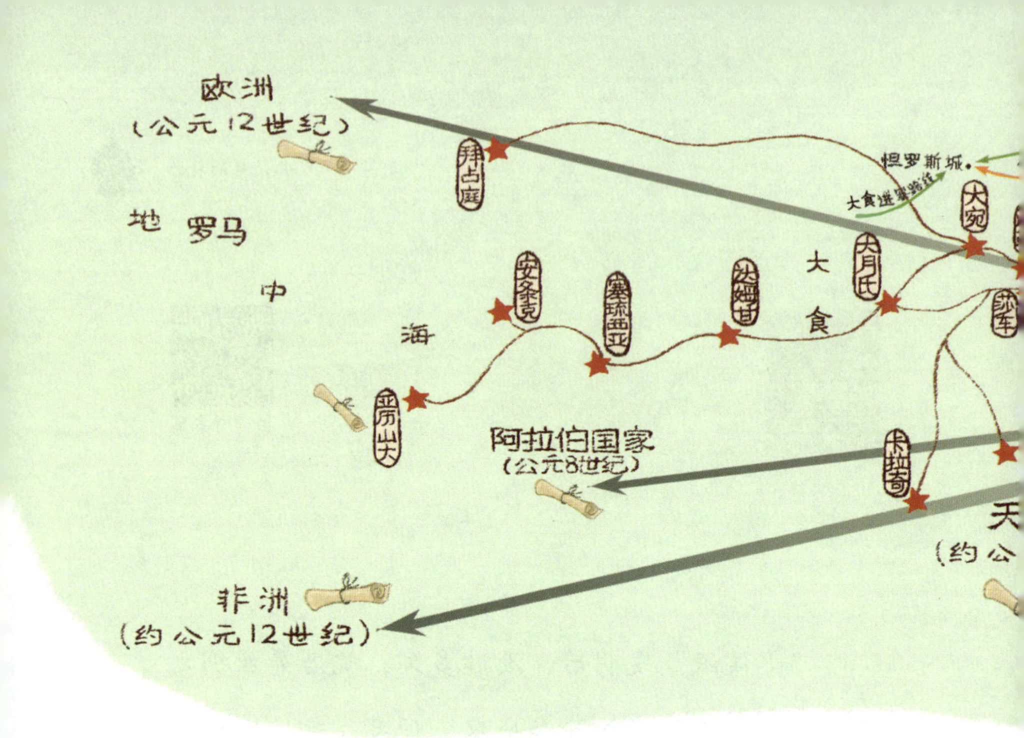

作战时，遭遇了失败。在被俘的唐朝将士中，有几位是懂得造纸技艺的工匠。

出人意料的是，这几个工匠在大食受到了"重用"。他们没有像别的俘虏一样，被逼迫着去干苦力，而是手把手地教阿拉伯人造纸。中国的造纸术，就这样直接传到了阿拉伯地区。

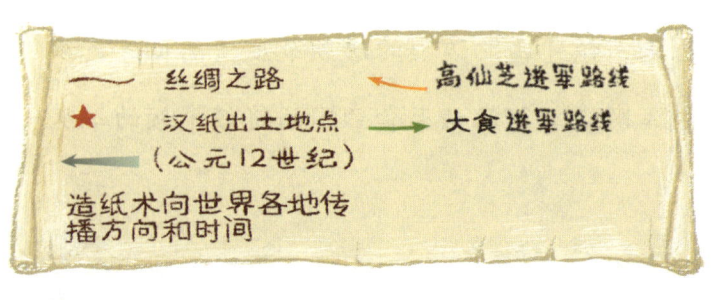

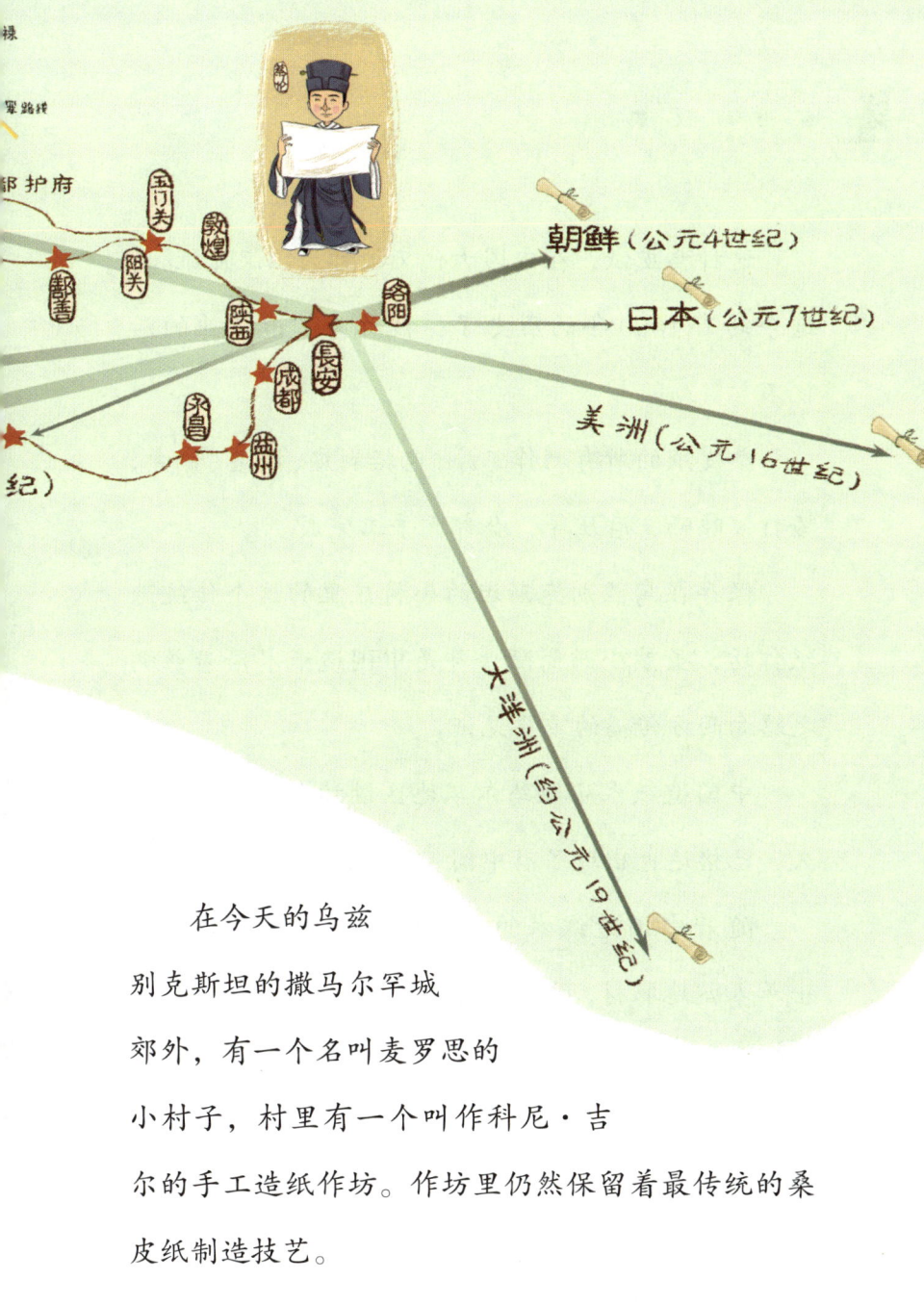

在今天的乌兹别克斯坦的撒马尔罕城郊外,有一个名叫麦罗思的小村子,村里有一个叫作科尼·吉尔的手工造纸作坊。作坊里仍然保留着最传统的桑皮纸制造技艺。

蔡伦的故事

这种桑皮纸，在中国古代又被称为"汉皮纸"，迄今约有1800年的历史了，被称为"造纸业的活化石"。

桑皮纸的所有制作工序，包括剥皮、浸泡、锅煮、捶打、晾晒、磨压等，全部靠手工完成。

保存在乌兹别克斯坦的小村庄里的这个传统造纸作坊，虽然小而简陋，却是中国造纸术沿着丝绸之路向西方传播的重要见证。

中国造纸术从撒马尔罕地区继续向外传播，不久，巴格达也出现了有中国工匠的造纸作坊。

随着中国造纸术的继续传播，叙利亚的大马士革人就地取材，用这种造纸术制造出了最早的"亚麻纸"。

当时，有一位皮货商人兼诗人，名叫塔利比，他在诗中得意地赞美道：在撒马尔罕的特产中，最美丽的东西就是纸……美丽的纸啊，只出产于中国和这里。

纸的生产与广泛应用，推动了阿拉伯科学与文化的传播。比如，当古老的《古兰经》开始得以大量的书写和印刷时，伊斯兰教就以超过其他宗教的传播速度和传播效率，迅速地走出了阿拉伯地区，走向了全世界。

也是因为造纸技术的迅速普及，公元830年，在巴格达还成立了一个由科学院、图书馆和译学馆组成的"智慧宫"，专门负责经典著作的翻译工作。像亚里士多德、柏拉图等人的哲学著作，当时都被翻译成了叙利亚文和阿拉伯文。

接着，中国纸和阿拉伯纸，又传播到了欧洲更多的地方，最终代替了欧洲成本高昂、书写和携带都极其不便的羊皮纸，为东西方文化的交流与传播，提供了更大的便利。

1276年，意大利出现了第一家造纸厂；之后，

蔡伦的故事

德国的纽伦堡、科隆也出现了造纸厂。以前,要想印刷出一本《圣经》,需要使用300张羔羊皮制作的羊皮纸。有了纤维纸后,《圣经》的印制成本大大降低了,基督教文化也伴随着《圣经》的大量印刷,得到了更广泛的传播。

从15世纪初到17世纪末,瑞士、奥地利、波兰、英国、俄国、挪威等国都出现了造纸厂。美国、澳大利亚分别在1690年、1868年才开始造纸。

有人仔细地计算过,中国造纸术从"怛罗斯之战"后首次向西方传播开始,到在西方完全普及开来,中间经过了1100多年的时间。

后世的感念

后世的感念

扫码听本篇

蔡伦的生平事迹,古书里的记载很少。《后汉书·蔡伦传》,全文约有300个字,虽然简略,却是比较公正和真实的一篇记载。

《后汉书》的作者范晔,是南朝时期的一位著名的文学家,也是一位正直的历史学家。范晔对历史上的大多数宦官,都带有蔑视,甚至仇视的眼光,写到一些宦官的所作所为时,下笔也毫不留情。可是,唯独对蔡伦,这位历史学家不但没有记载过蔡伦有什么劣迹,恰恰相反,范晔笔下的《蔡伦传》,字里行间流露着一种欣赏、赞美,并为他的结局感到惋惜的感情。

蔡伦的故事

范晔评价蔡伦道:"伦有才学,尽心敦慎,数犯严颜,匡弼得失。"意思是说,蔡伦颇有才学,做事用心,朴实严谨,还数次不怕皇帝不高兴,大胆地提出一些改进时弊、匡正世风的好建议。

可见,在范晔的眼里,蔡伦虽是宦官,却是一个正直、耿直、用心做事、严谨可靠的人,绝不是那种一门心思在皇帝身边玩弄权术、搬弄是非、祸乱朝纲的宦官。虽然范晔对蔡伦在当小黄门时,受窦皇后指使,陷害宋贵人的事情也记下了一笔,但是后人也可以想象和推断一下,蔡伦当时只有十八九岁,还是一个到处跑腿、干些杂事、涉世未深的小太监,哪里会懂得宫廷的险恶,难免受到别人的利用,而自己却蒙在鼓里。

《后汉书·蔡伦传》里也简要而准确地记载了蔡伦发明和改进"蔡侯纸"的事迹。后世对蔡伦造纸的故事的了解，也是主要源于范晔的记载。

蔡伦自尽后，宫廷里的各种势力此消彼长，险恶的权力斗争还在继续，无休无止。一个宦官的死，又算得了什么呢？

但蔡伦的乡亲们，一直没有忘记为贫困生活所迫，沿着耒河离开了家乡，进宫当了小太监的这位农家少年。

在湖南耒阳县城东南角，有一处蔡侯祠，初建年代不详，后损毁。公元1338年左右，也就是蔡伦死后1100多年，当时在耒阳担任知州的一位名叫陈宗义的官员，对蔡侯祠进行了修复，用来纪念蔡伦这位耒阳之子。

蔡侯祠的大门口，挂着这样一副四字楹联：

芳池月映

故宅风存

蔡 伦 的 故 事

　　乡亲们似乎要用祠堂里的摆设，向后世人无声地讲述蔡伦的故事。比如，后厅里摆放着一具石臼，相传这是当年蔡伦捣纸浆时用过的器物。祠堂外面有一个小水池，池子上还架起一座半月形的小石桥。这个小池子被命名为"蔡子池"，相传蔡伦曾在这里漂过纸浆，洗刷过造纸的工具。

在离"蔡子池"不远的地方,还立着一座纪念牌坊。穿过牌坊,就能看见一座用青石筑成的孤坟,坟前的墓碑上刻着"蔡伦之墓"四个大字。

蔡伦的故事

  显然,无论是捣纸浆的石臼、漂纸浆的池子,还是蔡伦的坟墓,都只是蔡伦家乡的人们的一种善意的想象与演绎,寄托着乡亲们对蔡伦的怀念。事实上,可以想象,当时蔡伦自尽后,肯定是被就地抬出皇宫,草草掩埋了事的,不可能给他"落叶归根"的待遇。

  蔡伦生前,曾被加封为"龙亭侯"。龙亭,即今天陕西省洋县东南25里的一个地方。秦汉时期,这个地方叫"龙亭";北魏时期,这里叫"龙亭县";宋朝以后,又改为"龙亭铺"。据说,蔡伦死后,这里也曾修过一座蔡伦墓。后来,天长日久,蔡伦墓就荒废了。直到清朝康熙三十三年(公元1694年),洋县的知县邻容才委托县丞刘馨修葺了蔡伦墓,作为永久的纪念。在龙亭铺街南,还修建了一座蔡伦庙，正厅中央供着一尊蔡伦塑像；东西厢房里，还保存着蔡伦使用过的石碾和石磨。

自然，蔡伦使用过的石碾和石磨，也仍然是后世人的想象与演绎，同样是在表达着对蔡伦的感激与怀念。

蔡伦被外国学者称为"有史以来的最佳发明家"。在美国学者麦克·哈特撰写的《影响人类历史进程的100名人排行榜》中，蔡伦排在第七位，远远排在人们所熟知的哥伦布、达尔文、爱因斯坦等名人的前面。可见，蔡伦对推动人类文明进步所做的贡献有多重要。

西方还有一些评价如下："中国蔡伦发明了造纸术，传到欧洲，令人震动，可和现在把人送上月球的探索相提并论。""蔡伦发明了纸，其他任何

蔡伦的故事

发明，对文化发展的促进，都不能和纸相提并论。"

是的，不论是为自己的家乡、为自己的祖国，还是为全世界、为全人类，奉献过自己的才智、心血与力量，做出过杰出贡献的人，人们怎么会忘记他呢！